I0482858

El Efecto

WOW!

La técnica para sorprender y
diseñar lo extraordinario

Mari Carmen Obregon

Textos: Mari Carmen Obregón
Ilustraciones: Wigerio (Holanda) y Leon Szpiler (Israel)
Portada: Alejandro Madrigal Ortiz
Diseño: Alejandra Varela

© 2014 Mari Carmen Obregón

Todos los derechos reservados

www.maricarmenobregon.com

ISBN 978-1497598003

Índice

Agradecimientos   5

Prólogo   7

Instrucciones para leer este libro   8

Manifiesto   9

Capítulo 1: 3...2...1...¡comenzamos!   15

Capítulo 2: La era de las emociones   23

Capítulo 3: Eat, pray, love... party! La generación de experiencias   29

Capítulo 4: La nueva manera de comunicarnos   35

Capítulo 5: La paradoja de la creatividad   43

Capítulo 6: Los escenarios y el arte de contar historias   53

Capítulo 7: La técnica del Efecto WOW: ¡manos a la obra!   63

Capítulo 8: Crear para dar: Una vida con Efecto WOW®   83

Epílogo: Nunca pares de empezar   89

Mari Carmen Obregón   92

Agradecimientos

Este libro está dedicado a todos los soñadores que saben que pueden hacer una diferencia en el mundo con su talento.

A mis papás, que me enseñaron a soñar sin límite y a creer que puedo lograr todo lo que me propongo. Gracias por enseñarme el amor incondicional.

A mis adorados hermanos, cuñadas y sobrinos, que son mi mejor club de fans.

A mi familia elegida, que son mis amigas y amigos, que han creído y acompañado cada aventura y locura que me he propuesto.

A la familia Obregón y Franco, tías, tíos, primos, primas: gracias por estar en mi vida.

A mi WOW Team que me ayuda a cumplir sueños para los demás.

A cada persona que me ha permitido tocar su vida con el Efecto WOW®.

A todos los maestros que han pasado por mi vida para enseñarme lo que en ese momento necesitaba aprender.

A ese Ser Superior, Dios, que siempre está a cargo y que lleva la batuta y la sinfonía de mi vida. Yo simplemente soy el instrumento que está tocando. Gracias por esta bella música.

Finalmente, este es el mejor premio para mí: poder compartir este fragmento de vida contigo, el lector.

Gracias infinitas por hacer de mi vida una experiencia con Efecto WOW®.

Mari Carmen Obregón

Prólogo

«Si tus sueños no te asustan, no son
lo suficientemente grandes».
Nancy Levin

Estamos viviendo un momento maravilloso de la historia de la humanidad.

Nunca antes habíamos tenido acceso a tanta abundancia: la tecnología, la información, técnicas para hacerlo tú mismo (el *do it yourself*), la oportunidad de vivir de tus talentos, hacer lo que realmente te guste... La capacidad de saber que tus pensamientos definen tu vida.

También es un momento en donde ya no queremos más de lo mismo. Las reglas del juego están cambiando y el reto que tenemos todos es diferenciar lo que hacemos o perdernos en un torbellino de irrelevancia.

¿Qué puedes hacer tú para diferenciarte?

Lo primero es atreverte a ser inspirado por tu entorno, a descubrir el yo creativo que tienes dentro y sobre todo, a tomar acción para alcanzar tus más grandes sueños.

Este es un libro que pretende inspirarte para que te atrevas a explorar tu potencial creativo y cambies tu vida con ello.

Aquí leerás historias, casos de éxito, y encontrarás la metodología para crear experiencias extraordinarias en tu ámbito de trabajo y en tu vida personal.

Esto es el Efecto WOW®: la técnica de sorprender y diseñar lo extraordinario. 3... 2... 1... ¡acción!

Instrucciones para leer este libro

Este libro contiene algunas simbologías para que podamos interactuar.
Te las presento:

Cuando veas este símbolo, una historia está por comenzar.

Esta es la señal de un *Fun Fact* o dato curioso.

Y con este símbolo sabrás que hay un ejercicio o interacción
para que pongas en práctica tu Efecto WOW.

Manifiesto

La Invitación al Evento

¿Te imaginas despertarte cada día sabiendo que amas lo que *haces*, y haces lo que *amas*?

Escribí este libro pensando en ti.

Porque al igual que tú, he tenido sueños y metas *in-creíbles* (difíciles de creer) que quiero para mi vida. Y porque he logrado vivirlas -a veces sobrevivirlas- es que quiero compartir contigo mi camino para inspirarte en el tuyo.

Al igual que tú, he tenido grandes retos. El camino no ha sido sencillo. He tenido grandes errores financieros, me he endeudado, he llegado a aceptar todo lo que me piden sin que sea lo que quiero hacer, me han clonado ideas y hasta la empresa completa... En fin: he cometido todos los errores que un emprendedor puede cometer.

Por eso hoy estoy poniendo este libro en tus manos. Porque si yo he pasado de sentirme atrapada en un rincón sin salida, a vivir la vida de mis sueños, entonces tú también lo puedes hacer.

Hoy amo lo que hago, gano muy bien por ello, tengo el estilo de vida que siempre quise y además, sé que lo que hago tiene trascendencia para quienes tienen contacto con mi propuesta diferenciada de negocio.

Las palabras mágicas son: *enfocarte, diferenciarte, buscar dentro de ti, dejarte acompañar y tomar acción.*

Esto tiene un doble propósito:
· Inspirarte a tomar acción para que hagas algo diferente en tu entorno (donde ganan todos los que están a tu alrededor).
· Que sea algo que disfrutas mucho ser y hacer (donde ganas tú).

Estoy muy emocionada de poder compartir contigo el aprendizaje que me ha dejado este camino, pleno de lecciones, que ahora sé que tienen un significado especial: ayudarte a ti en tu camino hacia el WOW.

Como descubrirás más adelante, yo creo firmemente que en el mundo de la creatividad «todo ya existe». Solo tienes que entrenar tu mente para ver lo que quieres ver. Esta es mi interpretación de lo único, lo memorable, lo WOW que hace que recuerdes algo para siempre.

Como lo mencioné en el Prólogo, estamos viviendo en un entorno que ya no quiere más de lo mismo. Llegó el momento de salir de nuestra zona de confort y atrevernos a hacer las cosas de manera diferente. Esto es algo tan contundente como lo siguiente: quien no tome acción para diferenciarse está destinado a desaparecer.

Todo reto trae siempre consigo una oportunidad. Tengo la fórmula para que puedas lograr hacer las cosas de manera extraordinaria, es decir, «fuera de lo ordinario».

Se llama el Efecto WOW®, y es la técnica que he estructurado durante algunos años para diseñar momentos sorpresivos e inesperados que generen experiencias inolvidables y diferenciadas para quienes lo viven. Es el arte de crear, sorprender y mantener el suspenso.

· ¿El objetivo? Que seas capaz de crear momentos WOW que se vuelvan memorias para siempre e historias que contar para quienes lo viven.

• ¿El resultado? Creativos más atrevidos y diferenciados que estén comprometidos a generar experiencias únicas desde la industria en la que están.

• ¿A quién está dirigido? A cualquier persona y empresa que quiera diferenciar la experiencia que ofrece al mundo.

• ¿En dónde se puede aplicar una experiencia diseñada con el Efecto WOW®? Dado que el objetivo es diferenciar y generar memorabilidad, es una técnica que se puede utilizar a nivel personal y empresarial.

Todos estamos en la búsqueda de estas experiencias únicas que impactan nuestras vidas y nos dan algo que contar.

Para mí ha llegado a ser un estilo de vida. Es algo que transforma cada aspecto cuando decides descubrir el creativo que vive en ti. Es la innovación y creatividad desde mi propia experiencia de vida.

¿Cuál va a ser la tuya?

Cada quien interpreta una obra de arte de acuerdo al ángulo en donde está parado, de acuerdo a su experiencia de vida y a la época en la que vive.

La *Mona Lisa* que nosotros vemos es la misma que vieron los florentinos en la época renacentista y la misma que verán (si la sabemos conservar) las personas en el año 2050. Lo que cambia es la experiencia. No es la misma experiencia ver hoy a la *Mona Lisa* que lo que fue mirarla entre 1503 y 1506, años en los que fue pintada.

¿Qué cambia la experiencia?

Tú eres la variable mágica. Tú, tu estilo, lo que has vivido, tu entorno y tu manera de percibir el mundo. Tú... y quien está alrededor de ti.

¿Cuál es la versión perfecta de la experiencia de ver la *Mona Lisa*?

La versión perfecta es la que a ti te guste más. Verla en vivo, ver un documental, ver una réplica... Tú defines cuál.

Y hablando de lo perfecto... ¿Qué es lo que realmente buscamos para nosotros? ¿Queremos algo perfecto, o algo auténtico, real, tangible?

Hace poco, leí un término que me encantó. Se llama «*flawsome*». Es una mezcla de las palabras '*flaw*' (un error o falla) y '*awesome*' (algo increíble). Se refiere al impacto positivo que tiene el mostrarte tal y como eres, con talentos y virtudes; pero también con vulnerabilidad. Es como decir: me gusta más que te muestres auténtico y al natural, que con un disfraz de perfección simulada.

Me encanta la idea de ser una persona *flawsome*: alguien que se acepta y sabe que es cool ser auténtico y natural. No queremos perfecto, queremos *flawsome*.

Quiero inspirarte a que te atrevas a ser auténtico y a hacer lo que más te apasiona y te hace vibrar. Quiero que a través de tu talento, inspires y hagas una diferencia en quienes están a tu alrededor.

Me he dedicado al mundo de los eventos y a la generación de experiencias por los últimos 15 años. Durante este tiempo he tenido la oportunidad de diseñar estrategias para diferenciar un destino junto con compañeros extraordinarios. Esas ganas de crear lo sorprendente hoy se llaman el Festival del Globo Aerostático en León, Guanajuato y el Mexico Congress City, más otras ideas en desarrollo.

He tenido el orgullo de representar a mi país para la atracción de congresos internacionales en el Consejo de Promoción Turística de México y después a la Ciudad de México en Centro Banamex.

He vivido el trayecto increíble, retador, lleno de aprendizaje e inspiración de abrir la empresa de mis sueños: una agencia de eventos especiales, donde trabajamos el diseño creativo y operación de más de setecientos proyectos para las mejores marcas del mundo durante 8 años, y después pude atreverme a cerrar el ciclo, cuando era el momento perfecto.

Y ahora tengo la bendición de poder hacer lo que más me gusta: inspirar a que descubras el WOW que llevas dentro a través de cursos y conferencias con asistentes del mundo entero.

En el mundo de los eventos la experiencia inicia en la invitación. Y eso es lo que hoy tengo para ti.

Es una invitación a cambiar el mundo una idea a la vez, a través del descubrimiento de tu talento y tu creatividad. La invitación a creer en ti y en tu potencial para crear experiencias innovadoras que generan historias para toda la vida.

Este no es un libro de buenos consejos. Es un mapa. ¿El tesoro? Que descubras tu WOW. Que te veas al espejo y te descubras como el ser creativo que ya eres. Que veas la mejor versión de ti mismo que ya existe dentro de ti.

¿Estás listo?

¡Comenzamos!

Capítulo 1:
3... 2... 1... ¡comenzamos!

«*Lo que buscas, también te está buscando a ti*».
Rumy

¿Tú sabías lo que querías ser de grande cuando eras niño?

Yo lo tenía clarísimo: cantante. Más que eso, celebridad. Y no cualquier celebridad: quería ser parte de Timbiriche, este grupo musical mexicano que formó parte de la niñez y adolescencia de muchos de nosotros, la «generación timbiriche».

Fui toda mi niñez la *fan* más grande que hayan tenido. Todo el día me la pasaba soñando que era uno de ellos, dando conciertos, ensayando y coleccionando todo lo coleccionable. Cuentos, recortes, revistas, videos y discos (de vinilo por supuesto) llenaron mi niñez de mi más grande ilusión: ser parte de Timbiriche.

Eran tantas mis ganas de ser una «celebridad» que mis papas me consiguieron un *gig* (léase breve aparición) en el canal local de televisión de León, Guanajuato.

Fue entonces que salí en la televisión local bailando y cantando (*lip synching*, como era la costumbre de la época) las canciones de Timbiriche con mi prima Lili. Ensayamos por semanas, nos compramos uniformes, y nos sentimos tan bien después de nuestra primera actuación, que decidimos ir al centro de la ciudad a «dar autógrafos».

Estábamos seguras de que nos iban a reconocer, ¡cómo no! ¡Si todo el mundo ve el canal diez de León! Pero, por supuesto, los únicos autógrafos fueron para nuestras familias, siempre los mejores *fans*.

Las cosas no siempre resultan ser como esperas. Casi siempre resultan mejor.

Además de mi vena de cantante/celebridad, siempre he tenido la pasión por emprender. Este proceso de inventar, darle forma a un proyecto y verlo hecho realidad siempre me ha fascinado.

Todos somos emprendedores por naturaleza. Cada persona a su manera y en su personalidad tiene el instinto innato de ser creativo, proponer, soñar y cristalizar ideas y proyectos.

Mis «pininos» o primeros intentos emprendedores fueron la clásica tiendita de dulces afuera de mi casa en la calle Madero, donde vivíamos en León, Guanajuato. También hubo unas ferias que organizaba para mis primos donde les «despelucaba» sus *Domingos* (este dinerito semanal que nos dan de pequeños), un periodiquito que le hacía a mi papá (con inscripción mensual por supuesto), favores varios a mi familia (siempre cobrados) y hasta venta de piedras. Sí, literalmente venta de piedras. Y las hacía aspiracionales. Les pegaba fotos de artistas, las cubría de *diurex* para darles un look *shiny* y las vendía a solicitud. ¡Todos las querían!

¿Otros emprendimientos? Un puesto de hamburguesas en la Feria de León, una fábrica de canastas de navidad, traducción en eventos y ferias, fabricante de suéteres para los juegos deportivos de la prepa, producción de playeras para el Cervantino... todo para poder ir tras mis sueños, que en ese momento eran viajar y conocer el mundo. Y esta es mi tercera pasión: preparar las maletas y vivir experiencias únicas en los viajes.

Y entonces, con tantos gustos y pasiones con los que nací y crecí, ¿en qué momento empecé con el mundo de los eventos?

Entre una actividad y otra, participación en espectáculos caseros, emprendimientos, viajes y demás menesteres, siempre era la *host* para múltiples festejos. Desde secundaria, prepa y carrera, mi casa era una sede obligada por su gran jardín. Esto de los festejos siempre se me dio de manera natural. Incluso fui denominada por mis amigos como la «niña fiesta portátil». Pero nunca me pasó por la cabeza que pudiera ser mi profesión.

Ahora te vas a sorprender de lo que decidí estudiar: contabilidad. ¡Sí! Como lo lees. ¿Y por qué estudié contabilidad? El momento de elegir carrera es trascendental. Tienes que decidir a los 19 años lo que quieres hacer con el resto de tu vida cuando todavía no tienes la más remota idea de dónde empezar a leer el manual del mundo. Seguramente te puedes sentir identificado, ¿verdad?

Mi reflexión en ese momento fue la siguiente: sabía que me gustaban las ventas y la creación de proyectos. Mi papá, viendo que mis opciones eran administración o contabilidad, me dio el clásico argumento de «un contador puede hacer lo de un administrador, pero un administrador no puede hacer lo de un contador». Y se la compré. Acabé eligiendo contabilidad.

Pero después de varios intentos de prácticas contables durante la carrera, descubrí que me iba a morir de la tristeza cargando y abonando en una oficinita sin luz. Así me imaginaba mi vida y simplemente ahí no estaba mi pasión.

Así que decidí acabar la carrera, y tomarme un tiempo para redefinir mi camino. Me había «equivocado» de carrera pero no quería equivocarme de «pasión de vida».

Había quien me decía: «No pierdas este año, te vas a atrasar en tu vida profesional, no vas a tener experiencia...». Pero tenía mucho más que perder si me quedaba: dedicar mi vida a algo que no me hacía vivir con plenitud.

Con todos los ahorritos de mis múltiples emprendimientos me fui a un año al estilo *Eat, Pray, Love*, este maravilloso libro donde la protagonista pasa un año redefiniendo su vida en Italia, India e Indonesia. Pasé un año en Florencia, Italia, donde me dediqué a comer, estudiar italiano, historia del arte italiano, historia del cine italiano... Estaba claro: no tenía prisa por regresar, ¿verdad?

Y así, en medio de una de las culturas más hermosas e inspiradoras del mundo me dediqué a repensar y redefinir mi vida.

Ese año decidí que iba a disfrutar cada instante: cada esquina, obra de arte, película, canción, plato de pasta. Así, entre capuccinos, obras de arte y la mejor comida del mundo, me empecé a cuestionar:

• ¿Cuáles eran mis talentos?: vender, los idiomas, el trato con la gente.

• ¿Cuál era mi pasión?: la creatividad, la creación de proyectos, emprender.

Y decidí regresar a León a sembrar lo que sí quería hacer con mi vida.

En este punto no tenía claro todavía que el mundo de los eventos iba a ser el escenario donde todo lo que me gusta confluye, pero la vida se iba a encargar de mostrármelo muy claro en el momento correcto.

Esto me recuerda que no siempre tenemos claro el camino completo. A veces solo tenemos luz en donde estamos dando cada paso. Lo importante es confiar en tu intuición: la vida te va revelando el camino.

Los pequeños pasos del barrendero

En el libro de *Momo* hay un personaje muy especial que es el barrendero.

Todos los días, su labor es dejar limpiecita una gran avenida, generalmente con montones de basura al terminar el día. Le preguntan cómo hace para no abrumarse o aburrirse al hacer esta labor tan pesada. Su respuesta es:

«Si veo toda la avenida y lo que me falta por limpiar, me agobio y siento que no voy a terminar nunca. En cambio, si me concentro en dejar el pedacito de calle que tengo enfrente de mí lo más limpio y reluciente posible, voy avanzando poco a poco, paso a paso, disfrutando lo que hago. Cuando me doy cuenta, volteo para atrás y la avenida estáa terminada e impecable».

La moraleja es que paso a paso, vas construyendo tus más grandes sueños se van construyendo paso a paso.

Los momentos A-HA!

La vida tiene unos caminos increíbles y llenos de sincronía.

Cuando estamos en el camino correcto todo fluye, no hay duda de que podemos y queremos estar ahí. Confía en esos momentos de inspiración, los momentos A-HA! donde tu instinto y tu pasión te van dictando el camino a seguir. Porque probablemente es en ese escenario donde vas a dar tu mejor papel.

Vamos a ver el fenómeno de los *serendipities*, esa serie de sucesos y encuentros *extra-ordinarios*, es decir, fuera de lo ordinario.

El momento A-HA que cambió mi vida

Fue en una de las comidas mensuales del MPI (asociación que reúne a los organizadores profesionales de eventos) en México DF, donde tuve uno de mis mayores «momentos A-HA». Esos segundos donde algo que ves o escuchas hace «¡click!» en lo más profundo de tu corazón.

El invitado de esta comida era Richard Aaron, presidente de BizBash en Nueva York, empresa que se dedica a documentar a detalle los eventos más creativos e innovadores de Norteamérica. Era mi primer contacto con el mundo de los *special events*.

Todavía recuerdo lo que sentí al estar viendo las imágenes de los eventos que nos mostró ese día Richard. Personajes caracterizados, montajes impresionantes, centros de mesa creativos y divertidos. Era una emoción indescriptible, como algo que reconoces en ti mismo y te llama a ir hacia él.

En ese momento supe que esto era lo que quería hacer con mi vida. Y así fue.

Confiar en tus momentos de inspiración profunda cambia tu vida y te permite hacer ajustes que te llevan a un camino de mayor creatividad, pasión por lo que eres y por lo que haces, y por lo tanto de plenitud.

Haber ido a esta comida y todo lo que se desencadenó... ¿Coincidencia o *serendipity*? Yo diría: momento A-HA. Ese preciso instante donde el universo conspira a tu favor y tú... ¡escuchas!

¿Qué *serendipity* has vivido tú?

¿Algún momento donde se alinean todas las estrellas a tu favor, tu corazón palpita y reconoces desde el fondo de tu ser que esto está destinado para ti?

La definición de *serendipity* es una serie de sucesos inesperados y afortunados.

 ¿Sabías que la definición de *serendipity* proviene de un antiguo cuento persa?

Seguramente has tenido varios momentos así en tu vida.

Así fue para mí ese momento A-HA donde vi clarísimo el siguiente paso que quería en mi vida. Ahora, después de 15 años, me dedico a lo que más me apasiona: a diseñar estrategias que generen un WOW para quien los vive.

¿A qué me refiero con el WOW? Como te dije en el Manifiesto, esto es apenas un mapa. Aquí está el inicio.

WOW!

Capítulo 2:
La era de las emociones

«Yo sé lo que quiero: lo quiero todo. Quiero probar cada comida por lo menos una vez en la vida».
Anthony Bourdain

¿Cuáles son las emociones que están moviendo al mundo?

• Vivir experiencias diferenciadas
• Ser escuchado
• Participar
• Contar historias
• Trascender

¿A qué se refiere cada una de estas emociones que nos cautivan?

Vivir experiencias diferenciadas

Estamos viviendo en un momento extraordinario. Muchas cosas que antes creíamos imposibles ahora están al alcance de nuestras manos gracias a la tecnología, las herramientas gratuitas en internet, las redes sociales y los grandes buscadores donde podemos encontrar prácticamente todo lo que existe, como lo es Google. Por eso queremos vivir la vida al máximo, con la mayor variedad y cantidad de momentos inolvidables.

Si fuéramos *boys* y *girls scouts* (niños exploradores), la meta sería llenar nuestros «chalecos de parches», donde cada «parche» es una experiencia diferenciada. Mientras más original, fuera de lo común y divertida, mejor.

Ser escuchado

Con la explosión de las redes sociales, ahora cada uno de nosotros tiene una voz. Sabemos que ahora estamos a un *tweet* de la gente que admiramos, o a un *tweet* de poder expresar una inconformidad.

Esto ha cambiado la manera como esperamos vivir las experiencias, porque ahora que sabemos que tenemos voz, queremos usarla y que se escuche.

Participar

Ya no queremos ser solo espectadores de las experiencias. Ahora nos interesa ser co-creadores y protagonistas de nuestras mejores vivencias.

Ya no quiero que me des la experiencia «digerida». Quiero que me pongas el escenario donde yo soy el que define parte de la experiencia.

Contar historias

Todas estas experiencias maravillosas que vamos teniendo se convierten en historias que queremos compartir con nuestro mundo. Además, queremos contar las historias a nuestra manera, a nuestro círculo de «f&f» (*friends and family*, familia y amigos). Queremos compartir lo que vivimos, sentimos o pensamos de esta experiencia en particular.

Vemos en conciertos, conferencias y foros a gente filmando, tomando fotos y compartiendo lo que está viendo, contado a su manera. Incluso lo postean en Twitter, sus blogs o sus páginas de Facebook. Se apropian de esas experiencias y luego las transmiten al mundo bajo su propio prisma. Es el mundo de la «status-manía».

Trascender

Hoy más que nunca se ha vuelto relevante la necesidad de trascender. Me interesa saber que lo que hago significa algo especial para quien tengo frente a mí, que aporto algo a su mundo y que tiene un valor para el futuro.

Quiero estar seguro de que lo que hago cambia tu día, tu experiencia de mi servicio, y quizá hasta tu vida. Nos gusta poner una sonrisa en la boca de los demás.

Y ahora a contar una historia sobre las experiencias.

¿Qué pasa si algo cotidiano que vivimos lo transformamos en una experiencia WOW?

La rosca de reyes del Centro Banamex, ¡una experiencia WOW!

El 6 de enero en México es tradicional mandar una rosca de reyes a nuestros clientes y personas especiales. La rosca tiene uno o varios «niños» de plástico que simbolizan al niño Jesús. La persona que le sale el «niño» en su porción tiene que traer tamales para todos el 2 de febrero. Es así como el regalar roscas de reyes siempre es un buen detalle, pero ya no es sorprendente u original.

Pero sucede que un buen día llega el Centro Banamex (Centro de Convenciones y Exposiciones en la Ciudad de México) con algo sorprendente. Una tarta de almendra en lugar de la rosca de reyes tradicional. La cosa más deliciosa que he probado en mucho tiempo. Y traía dos elementos adicionales: una corona de rey de juguete, y una leyenda por escrito que decía algo así:

«Vamos a hacer un recorrido por las diferentes tradiciones en el mundo de las roscas de reyes. Este año empezamos con Francia, donde le llaman 'tarte du rois' ('tarta de reyes'). La tradición dice que a quien le salga el 'niño', es el Rey por un día, se pone la corona y todos tienen que obedecer sus órdenes».

Esto para mí logró varios objetivos:

1· Me halagaron haciéndome llegar un regalo delicioso.

2· Me sorprendieron con un detalle original y novedoso.

3· Nos divertimos buscando el «niño» y viendo a quién le tocaba la corona.

4· Ya quiero que sea el próximo 6 de enero para ver qué experiencia me traerán esta vez.

¿Lo reconoces?

Es una experiencia diferenciada, me da una historia que contar y ser escuchado porque la puedo contar a mis amigos en redes sociales, puedo participar en la creación de la experiencia y nos da la oportunidad de trascender en nuestra vida laboral con una memoria divertida que tendremos para siempre.

¡Es una experiencia WOW!

Cuando diseñas una experiencia que genera un WOW, la pregunta natural que sigue es: ¿qué más vas a hacer?

Eso es mantener el suspenso, que la gente se quede con ganas de más. Nunca volverte cotidiano o predecible.

WOW!

Capítulo 3:
Eat, pray, love... party!
La generación de experiencias

*«¿Qué es aquello que hace que quieras
subirte a la mesa y bailar?».*
Pam Grout

Hay ciertas cosas que el ser humano busca de manera instintiva para sentirse realizado y pleno.

Tomando palabras de uno de mis libros favoritos (*Comer, Rezar, Amar* de Elizabeth Gilbert), algunas son cosas tan básicas como comer y dormir. Otras más sofisticadas como creer en algo superior y trascender a través del amor. Pero ningún ser humano sería completamente feliz sin el arte de celebrar.

En otras palabras, los humanos siempre hemos tenido el instinto y el gusto por generar experiencias diferenciadas.

Me apasiona investigar las tradiciones más importantes, muchas de las cuales han llegado hasta nuestros días formando parte de los actuales eventos especiales.

¿Quieres conocer algunas?

En el arte de celebrar, vemos desde la cultura griega los registros de *happenings* o eventos especiales que generan experiencias extraordinarias.

«La Vendimia» se celebraba (y se sigue haciendo) cuando se cosecha la uva, en honor al dios Dionisos. Duraba cinco días y se llamaba fiestas dionisíacas, una de las más importantes de Grecia.

Setenta días después del solsticio de invierno, el trabajo en el viñedo comenzaba con la poda a finales de febrero, antes de que subiera la savia. Bailaban y cantaban con la cítara mientras cortaban las uvas. Esta actividad duraba seis días y seis noches, tiempo en el que se dejaba la uva reposando al sol para deshidratarla un poco. Después se hacía el famoso pisado de las uvas, dejando cinco días para fermentarlas a la sombra. Pero más allá de todo este jolgorio, lo trascendente era la experiencia.

Y sus vecinos romanos no se quedan atrás. Es increíble descubrir que los fuegos artificiales fueron incorporados en las tradiciones festivas italianas desde el siglo XIV. Este es el momento en donde adquieren un carácter de cierre de fiesta (como lo son hoy) en todas las ceremonias oficiales como torneos, desfiles, victorias militares, coronaciones y canonizaciones.

 ¿Sabías que los fuegos pirotécnicos fueron inventados por los chinos en el sigo IX?

La noche de la víspera de la fiesta de San Pedro, la Basílica de San Pedro se cubría con faroles y antorchas, tal y como lo hacemos hoy en varios eventos especiales. En un mundo donde la oscuridad todavía no se había visto alterada por la electricidad o el alumbrado público, era un espectáculo que nadie se quería perder. El contrapunto laico a la luminaria de San Pedro era la rueda de fuegos artificiales del Castillo de Sant'Angelo.

¿Sabías que la fiesta de inauguración del Coliseo Romano duró 100 días y se sacrificaron cerca de 5,000 animales?

Del otro lado del continente, los chinos tienen una gran tradición llamada «La Fiesta de los Faroles», donde la adivinación de los acertijos de los faroles es una parte esencial de la fiesta.

Los propietarios de los faroles escriben acertijos en un trozo de papel y los clavan en los faroles. Si los visitantes tienen la solución a los acertijos, pueden coger el papel e ir a los propietarios a comprobar la respuesta. Si la respuesta es correcta, reciben un regalo.

Pasando a nuestro continente: para los mayas, el juego de pelota, más que una celebración o evento especial, era concebido como un ritual. El juego de pelota representa los orígenes del universo. La lucha entre los jugadores y la pelota (astro) simboliza el encuentro entre los gemelos (del Popol Vuh y los dioses del inframundo). El juego tuvo diversas variantes, por general se utilizaba una pelota hecha de caucho que se golpeaba con la cintura, las rodillas, los hombros y los codos.

Los primeros en hacer eventos especiales como los conocemos ahora son los franceses, en específico en la era de Luis XIV, el Rey Sol, con su «*special event planner*» inolvidable: Vatel.

¿Sabías que a Vatel se le atribuye el invento de la crema chantilly?

Si no has visto la película *Vatel* con Gerard Depardieu es algo que no puedes dejar de hacer. Un *must* para los que nos dedicamos a diseñar experiencias increíbles.

De él aprendemos dos aspectos esenciales para la creación de experiencias: la pasión por crear lo extraordinario y la atención al detalle.

Llegando a la era moderna, de los premios Oscar -que es un evento icónico- hemos heredado una gran tradición: la Alfombra Roja. ¿Por qué después de tantas décadas de usar esta manera de entrar a un evento sigue sin pasar de moda? Porque siempre, sin excepción, hace sentir especiales a quienes la caminan para llegar a un lugar.

No importa si son los premios Oscar o la bienvenida a tu cumpleaños, el integrar una alfombra roja (o de otro color pero con la misma intención) siempre hace sentir especial a quien llega.

Podríamos analizar muchos casos más, como festivales, juegos deportivos, y llenar un libro completo de experiencias extraordinarias que se han diseñado desde el inicio de los tiempos.

¿Qué tienen en común estas experiencias y los *happenings*?

Que está en nuestra naturaleza buscar lo esencial y lo único. Lo que nos hace sentir bien, y lo que nos hace sentir especiales.

Que desde el inicio de los tiempos, todo ser humano y cada cultura ha creado algún tipo de celebración que se salga de la cotidianidad, el poder tener un momento especial: una experiencia.

WOW!

Capítulo 4:
La nueva manera de comunicarnos:
el poder de las mentes creativas

«Tienes todo lo que necesitas para crear algo mucho más grande que tú mismo».
Seth Godin

¿Bonito, raro, diferenciado o todas las anteriores?

¿Qué tienen en común una vaca morada, un iphone, un mini cooper, un Green Tea Latte de Starbucks y una Macbook pro?

1 • Son experiencias diferenciadas.

2 • Te dan un «*status*» o una historia que contar.

3 • Tienen un diseño especial que vuelve la experiencia más atractiva.

¿Te acuerdas de los teléfonos de los años 70' a los que tenías que meterle el dedo, girar para marcar el número y luego soltar el disco? ¿Para que servían esos aparatos? Para comunicarte, básicamente para hablar.

Ni mencionar lo especiales que nos sentimos cuando después salieron los primeros teléfonos sin cables. Parecían tabiques pero, ¡qué importaba! Era algo totalmente diferente a lo que estábamos acostumbrados a ver. De ahí se fueron haciendo cada vez más pequeños y ahora ya emprendimos el camino de regreso con celulares que son casi tablets.

¿Qué es casi lo último que haces con estos modernos *gadgets* o artículos de actualidad? Hablar.

¿No es curioso? La razón de existir original de este invento es ahora casi lo único que no hacemos con él. ¿La razón? Lo que ahora nos importa es el diseño y la experiencia que puedes tener al contar con un aparato así: navegar en internet, tomar fotos o videos, compartirlo en tus redes, etc.

Lo mismo sucede con los coches, computadoras, y si te pones atento, con casi cualquier objeto de nuestra cotidianidad. Primero elegimos el diseño, la experiencia, y luego la funcionalidad.

Y por supuesto estamos dispuestos a pagar más con tal de vivir lo que estos objetos son capaces de ofrecer.

El instinto por buscar experiencias memorables ha existido por siempre, como lo vimos en el capítulo anterior. Sin embargo, ¿en qué momento se volvió un modelo de negocios?

El potencial creativo es el mayor y mejor talento que nos vamos a dar a la tarea de desarrollar para aprovechar este contexto único de nuestra era:

Las mentes creativas están dirigiendo el mundo. Punto.

Encontré estos registros de autores que empiezan a identificar las experiencias como un detonante del potencial económico. Esto significa más ingresos. La teoría en la que coinciden es que las personas están dispuestas a pagar más por un producto o servicio, siempre y cuando ofrezca una experiencia única y diferenciada. Comprobado.

1971: Toffler, Alvin. *The Experiential Industry* (La industria de las Experiencias).

1982: Holbrook, Morris; Hirschsman, Elizabeth. *The Experiential aspects of consumption* (Los aspectos de la experiencia en el hábito del consumo).

1992: Schutze, Gerhard. *The Experience society* (La sociedad de las experiencias).

1999: Jensen, Rolf. *The Dream society* (La sociedad de los sueños).

1999: Pine II, Joseph; Gilmore, James H. *The Experience Economy* (La economía de las experiencias).

2002: Godin, Seth. *The Purple Cow* (La vaca morada).

2005: Chan Kim, W; Mauborgne, Renée. *The Blue Ocean Strategy* (La estrategia del Océano Azul).

2005: Pink, Daniel. *A Whole New Mind*. (Una nueva mente).

Aquí es donde la generación de experiencias se vuelve un modelo de negocios. Ya no es solo vivir algo increíble sin un propósito, sino transformarlo en un negocio rentable.

En *La economía de las experiencias*, teoría expuesta por James Gilmore y Joseph Pine, se explica que todas las empresas sin importar el giro deben orquestar momentos memorables para sus consumidores, y que la memoria o recordación de este momento es lo que se vuelve el producto central: la experiencia.

Las empresas que lo logren podrán cobrar por la generación de estas experiencias además del producto o servicio que comercialicen. Esto es por el valor agregado que genera la experiencia, volviéndose un elemento de culto y/o estilo de vida.

La «envoltura» es lo que nos cambia la experiencia.

Y no es algo ajeno que solo pueden lograr las grandes marcas. Yo he construido una marca sólida en tan solo un par de años, contando con dos personas que son mi equipo WOW y muchos aliados y mentores. Si yo lo he podido hacer, tú también puedes.

Tú puedes ser la próxima historia del WOW.

La experiencia Starbucks

Como lo narran en *La Economía de las Experiencias*, podemos ejemplificar el valor de las experiencias con uno de los productos predilectos de la gente a nivel mundial: el café.

Y para entenderlo nos vamos a transportar a diferentes épocas:

En la era de la agricultura, para poder hacerte un cafecito, tenías que ir a la central de abastos, comprar el café en grano, molerlo y hacerlo en tu casa.

Esto te costaría 10 centavos de dólar.

En la era industrial ya hay marcas de café, así que vas a la tienda y compras una bolsa de café ya molido, y te lo haces en tu casa.

Esto te costaría unos 50 centavos de dólar.

En la era de los servicios ya hay cafeterías que tienen el café hecho. Puedes incluso comprarlo para llevar.

Esto te costaría unos 1.5 dólares.

Y llega Starbucks, donde ya ni siquiera vamos a tomar café. Vamos a vivir una experiencia.

Porque me gusta cómo me tratan, el olor, el ambiente, el mobiliario, el lenguaje que usan, y en general, porque me gusta cómo me siento cuando estoy ahí.

Por este café pago hasta 4 o 5 dólares.

La pregunta es: ¿es el mismo café? Sin duda que sí.

Lo que cambia no es el producto, sino la experiencia que vivo con él. Y estoy dispuesto a pagar más por vivir la experiencia diferenciada donde me siento único, diferente y especial.

Yo sí me acepto como una «*Starbucks junkie*».

Camino cinco cuadras bajo el sol y en tacones con tal de comprarme mi Café del Día y vivir la experiencia. Me encanta sentirme parte de ese mundo. ¿Por qué? No sé si lo podría explicar con palabras concretas. Es como diría Kevin Roberts, un *Lovemark*. Esa conexión emotiva que tienes con una marca en especial: me encanta la experiencia aunque no sepa explicar bien el porqué.

¿Sabías que Howard Schultz, CEO de Starbucks, inició su sueño queriendo recrear la experiencia de cómo tomar y disfrutar café que vivió en Italia? Su primer negocio se llamó Il Giornale.

• ¿Cuál es tu gran diferenciador, tu WOW?
• ¿Qué puedes hacer con tu propia marca o empresa para ser este must, algo que no pueden perderse o dejar de vivir?

*Baja los formatos completos de este ejercicio en www.efectowow.com.mx/extraslibrowow

El nuevo verbo que sustituye vender: Conectar

A nadie le gusta recibir una llamada telefónica a las dos y media de la tarde, cuando estamos a punto de darle la última mordida a nuestro platillo favorito, solo para descubrir que es solo una «oferta más» de nuestro banco, seguro, teléfono...

El tener una voz (redes sociales) ha cambiado todas las reglas del juego. Ahora nosotros como consumidores dictamos las reglas. Nosotros decimos como queremos que nos vendan. Y la sorpresa (no tan sorpresiva) es que ya no nos gusta que nos vendan deliberadamente.

Nos gusta conectar. Identificarnos y que este contacto tenga algún sentido para mí más allá del producto o servicio que tú tienes para mí. Quiero que me aporte, que haga sentido con lo que me gusta.

¿Cómo conectamos? Te comparto una de las mejores estrategias que he visto sobre cómo el conectar te lleva a deliberadamente consumir algo que de otra forma no habría sucedido.

La ópera de Estocolmo

La ópera de Estocolmo tenía un gran reto: enamorar al público joven para que voluntariamente asistiera a la ópera.

¿Cuál sería la manera tradicional de persuadirte para que vayas? (atención a la palabra que usé: me refiero a llevarte contra tu voluntad inicial).

Hago *flyers*, rifo un Ipad, te doy una promoción de 2 x 1, rifo un viaje a las Bahamas... Todo esto funciona hasta cierto punto, pero sigue siendo convencerte a hacer algo que de entrada no es algo que tú me estás solicitando.

¿Cuál es la nueva manera de comunicarnos con nuestro público objetivo?

Conectando.

Quiero entender qué te gusta, qué buscas y qué te motiva y entonces genero una experiencia donde te doy lo que esperas de mí (lo esencial) y lo que no esperas de mí (lo único).

¿Qué es lo que los jóvenes quieren vivir?

Si te acuerdas al inicio revisamos lo que todos buscamos en este momento: vivir experiencias diferentes, participar, contar historias, ser escuchado, trascender.

Entonces la Ópera de Estocolmo diseñó una estrategia para conectar con la gente joven a través de lo que ellos esperan...y de lo que no esperan.

La estrategia se llamó «*The Emotion Planner*» («El Planificador Emotivo»).

El escenario: un lugar que todos los jóvenes de Estocolmo visitan cotidianamente, el metro.

La experiencia: cambiaron todos los nombres de las estaciones del metro sustituyéndolas por nombres de emociones: amor, odio, deseo, locura, alegría...Asignaron un tipo de música clásica para cada emoción. Entonces te metías al «*Emotion Planner*», su sitio web, donde ponías el trayecto que ibas a recorrer ese día.

Quizá ibas a ir del «Amor» a la «Locura», trayecto que duraba 6 minutos con 32 segundos.

Podías descargar el playlist de canciones que correspondían a esas emociones y que duraban exactamente 6 minutos con 32 segundos.

Y no solo eso: podías compartir con tu comunidad de redes sociales lo que estabas haciendo (hoy estoy viajando del «Odio» al «Deseo»), haciendo tu propia historia dentro del escenario de esta experiencia.

¿Lo reconoces? Participas, creas tu propia historia, vives una experiencia diferenciada, trasciendes compartiendo tu vivencia... conectas y ahora quieres más de lo que yo puedo hacer por ti. Y la cereza del pastel: quieres ir por tu propia decisión a la ópera. Misión cumplida.

Capítulo 5:
La paradoja de la creatividad

«*Hacer lo simple, asombrosamente simple, eso es creatividad*».
Charles Mingus

La palabra «creatividad» significa la capacidad de crear algo nuevo.

Por otro lado, en el momento de estar creando y generando ideas, ¿cuántas veces no nos topamos con que lo que hicimos «ya existe» o «se parece a...?».Y es que en realidad *todo ya existe*.

Considero que la creatividad realmente es el talento para inspirarte en tu entorno, tus experiencias y, a partir de ahí, generar una propuesta nueva con tu toque único.

Es un tema controversial, *copiar* (sin un esfuerzo creativo de tu parte) versus *crear* (a partir de la inspiración de algo que te gusta).

Para ilustrarlo te voy a contar una historia que me encanta.

Jean François y su arte extremo

Jean François es un artista francés que tiene un performance extraordinario llamado «*Extreme Art*».

Consiste en pintar un gran lienzo en aproximadamente **8** minutos, arrojando pintura con escobas, esponjas y hasta con sus propias manos. Mientras lo pinta, pareciera algo sin forma, pero que sorpresivamente se transforma en una cara o una figura.

Es un espectáculo con mucho Efecto WOW que encanta a las audiencias.

El artista proviene de una familia de pintores franceses y de pequeño convivió con Salvador Dalí y su esposa Gala. Sí, leyeron bien, ¡con el mismísimo creador del reloj derretido! Sus papás tenían una casa en la Costa Brava donde también vivían Salvador y Gala, y según cuenta Jean François, les encantaba la comida francesa de su mamá.

Imagina tener esta oportunidad de conocer a uno de los artistas más grandes y talentosos de la historia.

¿Podría haber sido una copia de Salvador Dalí por el hecho de haberlo conocido? Probablemente sí; pero hubiera sido solo eso, una copia.

El decidió que eso fuera una inspiración, pero le sumó toda su propia experiencia de vida y el resultado es este extraordinario performance. ¿Alguien le puede copiar a Jean François? Sin duda, pero tendrían que haber vivido su vida para poder hacer algo con el toque que solo él le puede dar al arte.

Aquí termina una parte de la historia y te cuento otra:

De pequeño, la mamá de Jean François lo inscribió en clases de judo. De adolescente creó una cadena de aeróbic (al estilo de Jane Fonda) que resultó un éxito, con varios locales en París. Un tiempo después decidió vender todo su negocio y se compró un barco velero en el cual se fue a recorrer el mundo. En este trayecto aprendió magia y por azares del destino terminó viviendo en Las Vegas y armando un show único en su estilo que tiene mucho de judo, mucho de aeróbic, mucho de magia y definitivamente mucho de arte.

¿Te das cuenta?

Te invito a que busques en el canal de youtube del Efecto WOW los videos que muestran el arte de Jean Francois.

Todo lo que haces en la vida te prepara para ser quien eres hoy.

Cada trabajo, lo que estudiaste, dónde has vivido, te dejan una huella que va marcando una historia única, la tuya. Esto es lo que va moldeando tu individualidad y estilo único.

Entrenando a tu mente a ver la creatividad

La creatividad es un músculo. Todos lo tenemos, y al igual que con cualquier músculo, hay que ejercitarlo para que cada día funcione mejor.

Si quieres adelgazar y tener cuadritos en el abdomen antes de ese viaje a la playa, ¿vas al gimnasio o a correr un solo día? ¡Por supuesto que no! Haces ejercicio durante muchos días y por sesiones prolongadas.

Lo mismo vamos a hacer para desarrollar nuestra capacidad creativa.

Para ejercitar cualquier músculo, la clave del éxito es la práctica y la constancia. Te voy a enseñar a ejercitarla de manera automática para que se vuelva un hábito, luego una costumbre, y finalmente un talento o capacidad para ti. Primero vamos a romper un paradigma, hacer un experimento y a crear nuevos hábitos creativos.

¿Estás preparado?

El paradigma: ¿Copiar o inspirarte?

Regresando a la paradoja de la creatividad y la inspiración, hace un tiempo fui a un curso en un hotel de San Diego, California. Saliendo del curso me encuentro con esta escena:

Un grupo de unas 150 personas en plena "guerra de almohadazos" justo afuera del lobby del hotel.

Me llevó unos segundos entender lo que estaban viendo mis ojos.

¿Tú crees que sea algo espontáneo o algo planeado?

Resulta que es un *happening* mundial que se llama «*International Pillow Fight Day*» («Día internacional de las guerras de almohadazos»). Sí, como lo lees. Un día al año se ponen de acuerdo en varias partes del mundo para salir a cierta hora -algunos con pijama y todos con almohadas- para iniciar esta increíble y original actividad. Incluso puedes organizar tu propia guerra de almohadazos e inscribirla.

Cuando lo vi, tuve tres reacciones en apenas segundos:

1 • Miedo: ¿Qué está pasando, es un levantamiento, una guerra?

2 • Curiosidad: ¿Qué es esto? ¿De qué se trata?

3 • Acción: Cuando supe lo que era, vino mi tercera reacción. ¡Quiero subir a por mi almohada!

¿Ves mis reacciones? Sorpresa (mezclada con miedo), curiosidad y ganas de participar.

Un tiempo después, me pregunta una amiga qué le podía hacer de tema a su hijo de 8 años para su cumpleaños. Lo primero que me vino a la mente fue: una guerra de almohadazos.

«¡Organízale una fiesta de guerra de almohadazos!» le dije. «Dile a todos sus amigos que se vayan en pijama, tú compras almohadas y les generas una de las mejores memorias de su vida. ¡Nunca se les va a olvidar!».Y así fue.

La siguiente pregunta es: ¿copié o me inspiré para generar esta idea? La respuesta más común cuando pregunto esto en mis cursos es: ¡copiaste la idea! Pero los invito a hacer la siguiente reflexión:

Si yo hiciera el «*Pillow Fight Day #2*» quizá sí sería una copia al carbón. Pero yo lo veo como una inspiración en mi entorno o la apropiación de un estímulo para transformarlo en algo nuevo, en algo que me sorprendió, me gustó y se volvió una idea en potencia en mi archivo de buenas ideas en base a mi experiencia de vida.

El experimento: empezando a ver mariposas amarillas

Hay que entrenar a nuestra mente a ver lo que queremos ver. Es parte del proceso creativo.

Cuando me preguntan de dónde saco tantas ideas, mi respuesta siempre es: de mi entorno, porque ¡la inspiración está en todos lados! Esto es, si la sabemos detectar.

Hablemos de la película *Los Ilusionistas*. El nombre de la película en inglés es *Now you see it* («Ahora lo ves...» y el final obligado de esa frase es: «¡ahora no lo ves!») me encantó por un concepto: crees que solo lo que ves es real. Pero solo percibimos parte de nuestro entorno: en lo que decides poner tu atención.

¿Esto quiere decir que todo lo que no ves no existe? Definitivamente no. Solo detectas lo que estás dispuesto o preparado para ver.

Según me explicó mi amigo y colega Ramón Iturbide de Consciencia Consultores, esto es nuestro «tálamo». Esta es la parte de nuestro cerebro que recibe toda la información que percibimos (de manera no discriminatoria) y decide qué es lo «relevante» y curiosamente es lo que empezamos a ver.

¿No te ha pasado?

Empiezas a considerar comprar un coche blanco...y de un día para otro ves más coches blancos que nunca. ¿Estaban ahí antes? Por supuesto que sí. Pero tu «tálamo» no lo consideraba relevante. Ahora sí, y de repente los empiezas a ver.

O quizás estás pensando en hacer un viaje a la playa, y curiosamente empiezas a ver de manera «espontánea» fotos, programas, anuncios y hasta pláticas de gente que va a ir a la playa.

¿Quieres hacer un experimento?

Como propone Pam Grout en su libro: *Los 9 ejercicios para la energía*, haremos un experimento para empezar a ver mariposas amarillas.

En las siguientes 48 horas concéntrate en ver mariposas amarillas. No sé si normalmente las veas en tu entorno, pero para mí no es algo que estuviera en mi día a día. Cuenta la cantidad de mariposas amarillas que lograste ver en este periodo de tiempo y compártelo en mi página de Facebook:

Facebook del Efecto WOW

Yo pasé de ver 0 mariposas amarillas a 140 en apenas 24 horas. Y todavía las sigo detectando. Quiero aclarar que fue circunstancial porque justo ese día fui a hacer la inspección para un proyecto y la carretera estaba llena de mariposas amarillas. Podía asegurar que alguien que sabía de mi experimento las estaba liberando para que yo las pudiera ver. Pero la realidad es que ¡las mariposas estaban ahí ya!

Pruébalo y verás: te vas a sorprender.

Si no te gustan las mariposas, prueba con otra cosa: monedas, clips, cartas de una baraja de juego (¡real! Lo vi en un capítulo de *Sex and the City*, donde uno de los personajes se dedicaba a coleccionar cartas de juego que encontraba tiradas en la calle. Decidí comprobarlo y, ¿qué crees...? Empezaron a aparecer en mi camino, ¡en la ciudad de México! ¿Quién juega cartas en la calle?).

Entonces sí está comprobado que, el objeto en el cual enfocas tu atención, empieza a verse con más claridad en tu entorno, ¿no podremos hacer lo mismo con otros aspectos de tu vida?

Recuerda que la mente es muy poderosa, y solo puede tener un pensamiento a la vez. Tú decides dónde poner el enfoque y crear la magia. Tú decides dónde está la creatividad y la inspiración, y cuándo empezar a verla.

¿Cuáles son tus mariposas amarillas?

Las mariposas amarillas no solo están volando a tu alrededor.

Quizá van a aparecer en un billete, un libro, una película y hasta en un accesorio.

¡Aprende a detectarlas!

El hábito: Automatizando tu inspiración

Dijimos que vamos a automatizar tu inspiración para que se convierta en un hábito.

Para empezar hay que automatizar la manera en que los inspiradores llegan a nosotros. Una vez que nos hacemos el hábito de recibir estímulos creativos constantes, se te va a hacer una costumbre el estar al día de las tendencias más innovadoras. Y después se va a volver algo automático en lo que ya ni siquiera pensamos. Cualquier película, revista, plática o vivencia va a ser el generador o inspirador de una gran idea para tu «consciente creativo».

¿De qué manera vamos a automatizar la inspiración?

Cuando quieres empezar a ahorrar, es más fácil pedirle a tu banco que directamente quite de tu cuenta una vez al mes la cantidad que quieres destinar para este propósito. Así no tienes que tener la disciplina y el orden de traspasar tú mismo esa cantidad mensualmente a tu cuenta de ahorro.

Lo mismo podemos hacer con los inspiradores: vamos a automatizarlos.

Te voy a proponer que te inscribas a boletines creativos que lleguen automáticamente a tu cuenta de correo electrónico. De esta forma, te aseguras de recibir periódicamente estas buenas ideas que, sin duda, son detonantes para tu propia inspiración.

Para ideas creativas en general:

www.trendwatching.com

www.mashable.com

www.coolhunting.com

www.coolhunter.net

www.efectowow.com.mx

www.sethgodin.com

www.informabtl.com

Para ideas creativas para eventos especiales:

www.cecinewyork.com

www.specialevents.com

www.bizbash.com

www.prestonbailey.com

www.colincowie.com

www.designdawgs.com

www.efectowow.com.mx

Todos tienen, además de un contenido increíble y creativo, la posibilidad de inscribirte a un boletín. Algunos tienen la opción mensual, quincenal, semanal, y los más extremos tienen una entrega diaria, como Bizbash.

Cuando estás expuesto a los inspiradores creativos es que vas aumentando tu «consciente creativo», o tu capacidad para generar ideas extraordinarias que provienen de tu propia experiencia de vida e inspiración.

• Inscríbete hoy en alguno de estos boletines y automatiza tu inspiración.

*Baja los formatos completos de este ejercicio en www.efectowow.com.mx/extraslibrowow

¿Sabías que muchos creativos del mundo van de «window shopping creativo» a ver los escaparates de las grandes tiendas de Nueva York en diciembre? ¡A inspirarse en su entorno!

Capítulo 6:
Los escenarios y el arte de contar historias

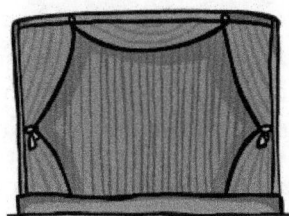

«He visto tantas hermosas comidas, arreglos florales y decoraciones en los eventos que creo firmemente que la vida es mucho mejor así, cuando es definida y dirigida hacia el arte».
Lisa Hurley

Todos estamos constantemente generando una experiencia para los que están a nuestro alrededor.

Desde el colegio, con tus amigos, y en toda historia laboral, has estado creando experiencias e historias para quienes tuvieron contacto contigo. Son las cosas por las cuales quienes convivieron contigo se acuerdan de ti. Puede ser tu alegría, tu entusiasmo, inteligencia, prudencia o hasta lo platicón, malhumorado o terco. Es la experiencia que la gente recuerda de ti.

Lo mismo pasa en el ámbito de cualquier producto o servicio. Todos, sin excepción, estamos generando una experiencia para nuestros usuarios o espectadores, lo sepamos o no.

Muchas veces no sabemos que estamos arriba de un escenario generando una experiencia, y por eso no nos preocupamos. Sentimos que «no somos vistos» y que no se nota nuestra participación en la experiencia.

Pero siempre se nota, sin excepción. Te voy a contar una historia.

El «diablito» del Museo de las Momias

¿Has visitado el Museo de las Momias en Guanajuato? ¿Hace cuánto tiempo?

Si fuiste hace mucho tiempo, lo más seguro es que no esté entre tus planes más cercanos regresar. Es un lugar que hay que ver, pero no necesariamente un *must cada vez que visites la ciudad.*

Esto lo saben ellos y muchos museos en el mundo. Por eso están dándose a la tarea de generar experiencias diferenciadas para que tengas un nuevo motivo para regresar.

En las Momias de Guanajuato han creado varios productos turísticos diseñados para darte esa sensación de una oportunidad única, diferenciada y que no te puedes perder.

Uno de estos productos se llama «Leyendas en el Panteón».

La idea es hacer un recorrido guiado por un personaje temático (el Diablo) por las tumbas de los personajes más reconocidos del Panteón de Santa Paula, que está arriba del Museo de las Momias.

Imagina hacer este recorrido en el atardecer, entrando por un lugar en donde normalmente no está permitido el acceso a los visitantes, escuchando historias únicas, y donde terminas entrando al museo y encontrando a Remigio Leroy, la primera momia que fue exhibida, contándote como lo encontraron y quién era él en vida.

Es vivir un lugar de una manera diferente, en un horario no abierto al público y con elementos innovadores; sin duda una experiencia única.

Cuando me tocó vivirlo, el primer descalabro en la experiencia fue que el personaje del Diablo estaba platicando con la gente que iba a tomar el recorrido como si fuera un invitado más. Esto de entrada te rompe la experiencia.

Ya cuando inicia el recorrido como su personaje, pierde credibilidad, porque ese mismo Diablo es el que estaba «chacoteando» contigo. Y para colmo al final del *happening* se pone a pasarnos sus quejas sobre los guías turísticos de la ciudad.

¿Cuál sería la experiencia ideal?

Que el personaje nunca se salga de papel. Nunca. Ni al inicio ni al final. Para que realmente te transporte a vivir la experiencia ideal en la que puedas involucrar todos los sentidos.

La razón de ser y tu papel en la experiencia

Un aspecto importante a considerar en las experiencias y los escenarios, es que todos tengan claro su papel y la experiencia que quieren generar para la gente que las va a vivir.

Es como el guion de la obra y lo que cada quién va a decir.

No es algo acartonado que te tengas que saber de memoria; es tener claro lo que quieres hacer sentir y cuál es tu colaboración en ello.

Las reglas claras del parque

Hace unos años un parque temático estaba al borde de la quiebra.

Sus directivos trajeron un consultor para tratar de rescatar y revivir el negocio. El consultor decidió pasar un par de días conviviendo con todo el staff, desde la gente de taquillas, operaciones, ventas hasta los empleados de administración.

Cuando terminó de observar, mandó a llamar a todos y les dijo:

«Ya detecté dónde está el mayor reto y área de oportunidad de esta compañía. Lo primero que tenemos que aclarar es:

¿Qué hacemos aquí en este negocio? ¿Por qué es importante mi papel en la generación de la experiencia de este parque?

Y como no lo sabemos, en este momento lo vamos a determinar. La misión de cada uno de ustedes que trabaja en esta compañía, es que cada persona que entre al parque temático viva el mejor día de su vida.

¿Qué papel juegas tú, en la taquilla, para que cada persona que entre viva el mejor día de su vida? ¿Y tú, administración? ¿Y tú, operador del juego? ¿Y tú, dependiente de la tienda?

¿Se dan cuenta de cómo el papel de cada uno importa? Y para que esté más claro, vamos a poner reglas muy básicas para que cada uno de ustedes sepa cuál es su papel en la generación de esta experiencia que se llama: «Pasa el mejor día de tu vida».

Intendencia, tus tres reglas básicas son:

1• Siempre tengo una sonrisa. Es parte de tu descripción de trabajo desde este momento.

2• Cuando alguien me pregunte alguna dirección, lo acompañaré hasta el lugar más cercano posible y le señalo con la mano el lugar que busca.

3• Mantener el parque limpio.

¡Ojo! Pero este último punto no es exclusivo de intendencia. Todos los que aquí trabajamos, si vemos algo fuera de lugar o una basura en el suelo, lo recogemos. Sin excepción».

Y así fue como pasaron de estar al borde de la quiebra a ser uno de los parques temáticos más exitosos del mundo.

¿Te das cuenta de la importancia de que cada persona entienda su papel en la generación de la experiencia? ¿Que sí se nota su participación y que son importantes?
La clave es darnos el tiempo para comunicar con efectividad la misión y el papel que esperamos de cada persona.

El escenario esencial y el escenario único

En toda experiencia, hay dos escenarios en los que estamos interactuando: el escenario de lo esencial y el escenario de lo único.

El esencial es donde te doy la experiencia que ya esperabas de mí. Es donde conectamos porque te resuelvo lo mínimo e imprescindible para que tú vivas una experiencia agradable.

En el ámbito de los eventos, es asegurarme de tener baños limpios, comida rica y calientita y no hacerte caminar en tacones por el empedrado.

En el mundo de las experiencias, es poder vivir el motivo esencial por el cual tomaste la decisión de vivir esta experiencia.

Si voy a Hawaii, no me puedes quitar la experiencia del tradicional Baile del Hula.

Si visito España, quiero vino tinto y flamenco.

Cuando visito México quiero mariachi y tequila.

Es la experiencia básica y esencial que tengo que darte para cumplir con tu expectativa. El objetivo es conectar y hacerte sentir bien.

Imagina llegar a una actuación del Cirque du Soleil, pero cuando quieres ir al baño hay una fila de media hora, los baños están sucios, la gente de servicio mal encarada y el recorrido está mal señalizado para regresar a tus asientos... esto te rompe la experiencia.

Una vez que está cubierto lo esencial, entonces puedo empezar a construir sobre el escenario de lo único. No cometas el error de construir el detalle WOW sin antes resolver lo esencial, porque entonces el foco de la experiencia se vuelve lo menos agradable posible. ¡Y eso es lo que vamos a recordar!

El escenario de lo único es donde sorprendemos.

Es donde te genero una memoria para toda tu vida. Te doy algo que contar. Aquí es donde las experiencias se convierten en historias.

Ya que estás cómodo y tranquilo con lo esencial, te doy lo que no esperabas: un gran momento WOW que se va a quedar para siempre en tu memoria. El objetivo es hacerte sentir especial.

Por ejemplo: si es la quinta vez que vienes a México, es momento de innovar la experiencia del mariachi para ti. ¿Qué te parecería una actuación de Mariachi Clown, una propuesta *sanmiguelense* de comedia y mariachi? Es algo que seguramente vas a recordar y platicar durante muchos años.

Storytelling

El ser humano está diseñado para contar y escuchar historias.

Toda la historia de la humanidad ha trascendido gracias a los grandes relatos que han llegado hasta nuestros tiempos como los contenidos en la *Biblia*, el *Corán*, y hasta en *Las Mil y una Noches*.

Pero no tenemos que «escribir una historia» para contar una historia.

Ya platicamos sobre la importancia de siempre saberte sobre un escenario. Todo lo que haces en ese escenario cuenta una historia.

La historia que te cuentas en lo personal (soy creativo) impacta la forma como te desempeñas en el trabajo (creando proyectos creativos) y finalmente en la manera como las personas viven lo que estás diseñando para ellos (perciben los detalles creativos).

Cuando aprendes a diseñar a través del *storytelling*, ¡cada experiencia cuenta también una historia!

La duración de las experiencias

Una pregunta muy común es: ¿cuánto tienen que durar las experiencias?

La respuesta es: lo suficiente para no volverse cotidianas. Tiene que seguir siendo un *must*, algo que no te puedes perder. Si se vuelve cotidiano o predecible, es momento de redefinir la experiencia.

Esto puede ser algo que dure un segundo, y hasta 70 años o más.

¿Me acompañas a ver historias?

El desfile de Luces:
Main Street Electrical Parade

Robert Jani fue comisionado en 1972 por Walt Disney para diseñar una experiencia especial para el parque temático Disneylandia.

La idea era diseñar alguna actividad que le diera a las personas un motivo para quedarse más tiempo en el parque. (El desfile es a las 10 p.m., y ¿qué crees que pasa de las 6 p.m., donde probablemente ya estarías listo para irte, hasta las 10 p.m.? Sí, sigues comprando y consumiendo. ¡Genial!).

Robert decidió crear algo fuera de lo común, algo *extra-ordinario*.

Y así nació lo que hasta el día de hoy conocemos como el Desfile de Luces de los parques de Disney. El famoso *Main Street Electrical Parade*.

Cuando le preguntaron de que trataba, el respondió: «Es un evento especial».

«¿Y qué es un evento especial?» le preguntaron.

«Algo fuera de lo cotidiano. Algo diferente de lo que vives todos los días. Algo especial».

Fue la primera vez que se utilizó este término de «Evento Especial».

¿Por qué crees que esta tradición sigue vigente y generando WOWs después de tantos años?

Porque sin excepción, cada vez que lo vivas, te hace sentir algo especial, algo diferenciado que no te puedes perder.

WOW!

Capítulo 7:
La técnica del Efecto WOW:
¡manos a la obra!

«Involucra a las personas con lo que esperan, con lo que son capaces de discernir y prever. Esto ocupa sus mentes mientras tú esperas lo extraordinario: su reacción ante lo que no pueden prever».
Sun Tzu

Te conté que quería ser cantante/celebridad. Estudié contabilidad. Después decidí ser *special event planner*. Y ahora me dedico a dar conferencias para inspirar y a desarrollar estrategias creativas. Me encanta esta posibilidad de reinventarme constantemente.

También te he contado que como emprendedora cometí muchos errores en el camino.

Los dos más relevantes:

• Aceptaba hacer todo lo que me solicitaban.
• No cobraba bien por ello.

¿Qué puede cambiar la experiencia?

Toda experiencia inicia de adentro hacia fuera, es decir, por ti.

El primer tornillo que hay que ajustar es cómo estás haciendo lo que estás haciendo (valga la redundancia). Si mis retos eran: aceptar todo lo que me llega y no cobrar bien, ¿cuál era el primer paso obligado?

Definir lo que sí quería hacer. Qué tipo de clientes sí quería atender, y con qué servicios. Es decir, enfocarme y poner límites. Aprender a decir que no.

Segundo: cobrar bien por lo que ofrezco. ¿Por qué me van a pagar mejor mis productos o servicios? Como lo platicamos desde el inicio del libro, la gente está dispuesta a pagar más siempre y cuando yo le ofrezca una experiencia diferenciada.

Tomar esta decisión cambió mi vida. Y puede cambiar la tuya también.

Y en cuanto al diseño de experiencias, después de estar un tiempo en la industria de la organización de eventos especiales, empecé a notar que estamos generando la misma experiencia para nuestros usuarios una y otra vez. No estamos diseñando elementos diferenciadores para quienes viven nuestros eventos. Los clientes por naturaleza nos piden más de lo mismo.

Montamos los eventos corporativos de la misma manera, con el *coffee break* exactamente en el mismo lugar y con el mismo montaje. Cuando nos piden un evento, les ofrecemos lo mismo de siempre: un casino, una fiesta mexicana, la fiesta bajo el mar, el corte de listón, los canapés y el vino de «honor».

Uno de los ejemplos que más me gusta es el de la música de las bodas. Tengo asistiendo a bodas de mis amigos durante aproximadamente 15 años. En este período he escuchado las mismas canciones, casi en el mismo orden.

¿Cómo es posible que sigamos bailando emocionados «No rompas más» y «Payaso de Rodeo»? Esto ha provocado que no tenga recuerdos muy claros entre una boda y otra.

Eso sí: me acuerdo perfectamente de cada una de las despedidas de soltera. ¿Cuál es la diferencia? Ahí sí hubo elementos diferenciadores, temáticos, memorables que hacen que no se me olvide ni un detalle.

Analizándolo desde el punto de vista de lo esencial y lo único:

Lo esencial que no podemos quitar en la música de bodas (muy a mi pesar) son popurrís como el de Brasil, Rock and Roll, Frank Sinatra... Esto ya es un elemento que no podemos eliminar porque son parte «esencial» de la experiencia. Habría decepciones si no las ponemos.

Pero podríamos innovar quizá insertando tenores entre los meseros. O la manera como sale el grupo musical entre canción y canción. Eso sí sería una sorpresa memorable.

Y aclaremos algo: no es que el grupo versátil sea el «culpable». No hay culpables. El reto es co-crear junto con ellos una experiencia diferente para que la experiencia del evento sea memorable.

El mismo fenómeno lo vemos en otro tipo de servicios. ¿Qué experiencia diferenciadora tienes cuando vas a un banco? ¿A un hospital? ¿A un hotel? ¿A un restaurante?

En la mayoría de los contactos que tenemos con este tipo de negocios tenemos exactamente la misma experiencia. No nos acordamos de lo que ahí vivimos porque simplemente no hubo ningún detalle diferenciado que me dejara huella para siempre.

Terminamos ofreciendo lo mismo de siempre por falta de tiempo, pero sobre todo, porque no hemos hecho un proceso creativo para hacer algo diferenciador.

El Efecto WOW®: la técnica

El Efecto WOW® es una técnica para crear momentos sorpresivos e inesperados dentro de nuestro proceso de servicio que genere una experiencia emotiva, inolvidable y diferenciada para quienes lo viven. Es el arte de crear, sorprender y mantener el suspenso.

Te ofrecí desde el inicio darte un mapa donde el tesoro es encontrar el WOW, tu propio talento creativo.

Aquí empiezan los pasos concretos con los que puedes diseñar estos momentos memorables, sorpresivos y extraordinarios.

Consiste en tres partes:

1 • Las características de un momento con Efecto WOW®.

2 • El cuadrante de los usuarios del WOW: ¿a quién le estamos hablando?

3 • Los 6 pasos para diseñar una experiencia con Efecto WOW®.

Está comprobado que al pasar el tiempo, recuerdas más fácilmente los momentos agradables: cuando te reíste, cuando disfrutaste, bailaste, cantaste, o cuando algo o alguien te hizo sentir especial.

¿Qué tienen en común estos momentos? Que se quedan grabados para siempre en nuestra memoria y pasan a ser parte de nuestra propia fuente e inspiración creativa.

¿Cuál es el objetivo del Efecto WOW®?

Pasar de...

BONITO ———⟶ ESPECTACULAR

DIVERTIDO ——⟶ INOLVIDABLE

TRADICIONAL —⟶ INESPERADO

¿Cómo logramos que la gente viva un momento memorable? Aplicando el concepto «foco central». Es decir, poner toda la atención en la experiencia diferenciadora.

Si en un evento montas una instalación floral con aromas, iluminación y movimiento, y prescindes de los centros de mesa, ¿de qué crees que la gente va a hablar? ¿De que no pusiste centros de mesa, o de eso extraordinario que vieron que casi no pueden describirte? (las palabras serían: «tendrías que haberlo visto para entenderlo»).

El poder del foco (o el Efecto *Guau*)

Hace un tiempo estaba en el aeropuerto esperando en la banda a que saliera mi maleta.

Existe un fenómeno que no me explico en estas bandas donde la gente espera casi con desesperación a que salga su maleta y se aglomera como si fuera la última rebanada de pizza y se van a quedar sin cenar.

Estaba ahí esperando mi maleta en «gallola» (o sea, en una de las últimas filas de la aglomeración de «espera-maletas») cuando de repente, vemos todos como aparece una jaula enorme en la banda.

Dentro de la jaula estaba un perro raza Terranova, que es de un tamaño realmente impresionante. Pero ese no fue el único shock. Lo más impactante fue ver la persona que iba a recibir al perro. Una chava de 1.57 metros (o sea, de mi altura). Todos nos preguntábamos cómo iba a hacer esta pequeña chica para jalar de la banda aquel animalón.

Y por unos minutos todos nos quedamos sin movernos, sin buscar frenéticamente nuestra maleta ni empujarnos, simplemente observando aquella divertida e inusual escena.

¿Jalaría ella aquella jaulona? ¿Se saldría el perro? ¿Podría ella con semejante animal? ¿Alguien se apiadaría de ambos?

Fue en definitiva un «Efecto *Guau*».

Por unos instantes la chava y el perro jalaron (sin la intención de hacerlo) toda nuestra atención. Llegó el momento en el cual un par de señores le ayudaron a bajar la jaula del perro y se acabó la escena. Pero para mí fue increíble de observar, porque es precisamente el poder del foco central.

Jalar toda la atención de la gente hacia lo que hace un momento memorable e inolvidable.

Esto fue una coincidencia, pero es justo la manera como intencionalmente puedes generar y diseñar estos momentos inolvidables.

¿A quién no le hubiera gustado ver el Efecto *Guau*?

Las características del Efecto WOW®

Las características que conforman un momento con Efecto WOW® dentro de cualquier servicio o *happening* son:

Originalidad, Memorabilidad, Emotividad, Factor Sorpresa y Factor Sensorial.

Vamos a analizar cada uno:

Originalidad:

Es agregar a la experiencia un elemento fuera de serie. *Extraordinario*, es decir, fuera de lo ordinario.

Todos estamos expuestos a muchos mensajes diariamente. ¿Cuál puede ser ese elemento original que te sorprenda? ¿Qué puedes agregar a la experiencia que sea un elemento que no se vea todos los días?

Memorabilidad:

Es cuando el usuario se vuelve co-creador de la experiencia y donde le das el escenario principal.

Ya no es el espectador, ahora es parte integral de la experiencia. La memorabilidad tiene que ver con nuestra capacidad de recordación de un momento o experiencia. ¿En qué momento algo (lo que sea) se vuelve memorable?

En el preciso instante en que la persona en cuestión se vuelve el protagonista de la experiencia. (¿Quién es la primer persona que buscas en una foto de grupo? ¡A ti mismo! Nos encantan los escenarios).

Emotividad:

Esto se refiere al diseño de emociones durante la experiencia.

Las películas son el ejemplo perfecto de diseño de emociones. Hay momentos donde te sorprendes, te emocionas y donde te quedas con ganas de más. Esto está deliberadamente diseñado a través de la historia, la música y todos los elementos que conforman la escena.

En tu producto o servicio, ¿qué emociones quieres que la gente viva? ¿En qué momento quieres que se sorprendan, se rían a carcajadas, o se emocionen al borde de las lágrimas? ¡Todo esto puede estar deliberadamente diseñado!

Factor Sorpresa:

Ya te di lo que esperas de mí (el escenario esencial). Este es el momento en el que sorprendemos con lo inesperado (el escenario de lo único).

¿Qué es lo que ya se espera de ti? ¿Dónde puedes implementar un momento o elemento que la gente no imagina?

Factor Sensorial:

Es diseñar pensando en los cinco sentidos en la creación de la experiencia.

El olfato, el tacto, la vista, el oído y el gusto forman un poderoso aliado que utilizado en conjunto maximizan la vivencia y la vuelven *extra-ordinaria*.

Historias del WOW

Kukis by Maru y su historia de los «apapachos».

Hace un tiempo conocí a una empresaria extraordinaria y el maravilloso negocio que ha creado para el mundo: Kukis by Maru.

Su historia me pareció encantadora e inspiradora desde que cuenta que su negocio es una historia de amor. Conoció a su ahora marido en una de las famosas giras de *Viva la Gente*, en la que ambos participaron. Ella sabía que le encantaban unas galletas que hacían en la familia de él, por lo que decidió «apapacharlo» con ellas.

Dentro de una cadena de *serendipities* y sincronicidad, Maru abrió una tienda en Mérida donde, como ella misma lo describe, no vende galletas, sino «apapachos».

Ella tiene muy claro que lo más importante en su negocio es lo que va a dar a las personas y como se van a sentir con este «apapacho». Y así ha construido un emporio de «apapachos» en todo el Sureste mexicano.

¿Y si viviéramos con esta filosofía?

No es lo que puedo obtener de ti, sino lo que puedo aportar en tu vida. Además de que su historia es difícil de olvidar... ¡el arte del *storytelling*!

El WOW del Harry's

El Restaurante Harry's en Cancún es toda una experiencia culinaria. Su platillo más famoso es la carne kobe.

Hace unos años fui a su establecimiento, y honestamente no me acuerdo que comí (la razón principal de ser de este negocio), pero sí me acuerdo cómo me hicieron sentir con dos detalles que desde ese momento platico en todos mis cursos:

1 • En cuanto llegué me cambiaron la servilleta de tela blanca por una oscura. Esto es porque yo traía un pantalón oscuro y la

tela blanca puede dejarte pelusas. Fue un detalle en automático que hicieron y me sorprendió de forma agradable.

2 • Cuando pides la cuenta (que nunca es pequeña), te traen un gran algodón de azúcar azul. Es un detalle inolvidable.

Así que lo que recuerdo de este negocio no es su razón principal de existir (la comida) sino cómo me hicieron sentir con los detalles.

El diseño de emociones
a través de la música y los aromas

Verónica Zorrilla es una emprendedora mexicana que decidió crear experiencias a través de la música.

Su negocio se dedica a diseñar las emociones que puedes vivir en un negocio determinado.

Muzak utiliza diseña experiencias con la música que no solo se escucha, se siente. Lo llaman arquitectura en audio. Sus clientes son hoteles, restaurantes y comercios.

Esto es un Efecto WOW emotivo y sensorial que relacionarás con estos lugares porque se dieron a la tarea de crear algo especial para ti.

¿Tienes un ejemplo que compartir, o una historia de una experiencia WOW con algún producto o servicio?

Compártelo aquí:

Facebook del Efecto WOW

El cuadrante de los usuarios del Efecto WOW®: ¿a quién le estamos hablando?

No todos nuestros usuarios quieren el mismo tipo de experiencia.

Al momento de estar diseñando el WOW de nuestro producto o servicio, es muy importante analizar quién es el que va a vivir la experiencia.

Estos son los tipos de usuarios más comunes y la forma como quieren vivir la experiencia WOW:

El WOW Conservador: **Aquel que no quiere cambiar nada en la experiencia. Es importante respetar el que la experiencia sea lo que él espera: tradicional, sobria. El WOW para este tipo de usuario está en la ejecución impecable. El escenario esencial es el que hay que hacer brillar.**

El WOW Explorador: **El que quiere encontrar algún detalle sorpresivo e innovador del WOW. El objetivo con este tipo es sorprender a sus usuarios para generarles una memoria única y diferenciar la experiencia**

El WOW Emotivo: **Este usuario quiere mantener la esencia de la experiencia pero desea insertar un elemento memorable y emotivo, algo que no van a olvidar los participantes. Lo importante es tocar las fibras sensibles de quien está viviendo la experiencia para que este sea el factor diferenciador y hacer sentir especial a quien la vive.**

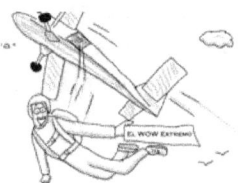

El WOW Extremo: **Este es el usuario que quiere la experiencia extrema del WOW. Sorpresivo, emotivo, original, memorable, sensorial. Este es el escenario de lo esencial y lo único en su máxima expresión.**

Los 6 pasos para diseñar una experiencia con Efecto WOW®

Ya hablamos de los usuarios del WOW y de las características que hay que incluir cuando estemos diseñando experiencias diferenciadas.

¿Cuáles son los 6 pasos para diseñar experiencias con Efecto WOW®?

La estrategia para crear el Efecto WOW® tiene mucho que ver con la experiencia lúdica. Es transportar al jugador al mundo mágico que estás creando para él.

¿Cómo «WOW-izamos» una experiencia?

Los pasos son los siguientes:

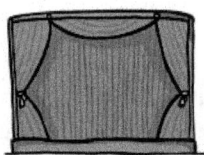

WOW Stages: ¿Cuáles son los escenarios que tienes disponibles para innovar la experiencia? Por ejemplo en un restaurante sería el momento en el que recibes a la gente (primer escenario), el menú (segundo escenario), la forma como sirves los alimentos (tercer escenario) y la forma como terminamos la experiencia con la cuenta y el pago (cuarto escenario).

Cada producto y servicio tienen una serie de escenarios en los cuales podemos innovar la experiencia. Identifícalos. La sugerencia es que elijas de 1 a 3 escenarios como máximo para crear algo diferenciado. No queremos crear experiencias «churriguerescas» que abrumen y distraigan. Queremos el foco central: poco pero contundente.

WOW Metric: ¿Cómo es esa experiencia actualmente? ¡Analízala con la lupa de un detective! ¿Dónde empieza y dónde termina, que factores la determinan? En este punto solamente hay que analizar, sin querer cambiar los elementos. Estamos observando los detalles.

WOW Napkin: Todos hemos tenido esas maravillosas ideas en un lugar donde lo único que tienes para escribir es una servilleta. Este es el momento de hacer sentadillas y abdominales con el músculo de la creatividad. Es el momento de buscar tus mariposas amarillas. ¡Haz una lluvia de ideas! ¿Cómo puedes innovar la experiencia? ¿Cuáles son tus ideas?

Un ejercicio para poner en práctica la lluvia de ideas en grupo de manera ordenada se llama 6-3-5. Lo haces con 6 personas, donde cada una inicia en una hoja en blanco una idea. La pasa a la persona a su derecha. En la hoja que recibieron, van a aumentar 3 ideas más. Y esto se hace 5 veces. En este ejercicio terminas con un total de 96 nuevas ideas. Genial, ¿no?

Al principio, como toda sentadilla, cuesta trabajo. Pero una vez que entras en calor, te van a surgir más y mejores ideas.

Otra manera sencilla, si estás solo, es darte de 10 a 15 minutos para pensar en el objetivo que quieres crear como experiencia, buscar tus «mariposas amarillas» en los sitios que te recomendé, recordar y buscar en tus propios recuerdos e ideas, y permitirte ser inspirado por tu entorno para crear magnificas nuevas propuestas.

WOW Story: ¿Cómo vamos a ordenar las ideas del WOW Napkin? Vamos creando un concepto creativo central. La parte más importante es «nombrar la experiencia», ponerle un título que la identifique. Esto te permite desechar todas las ideas que no tengan que ver con esta historia en particular.

Quizá en el paso del WOW Napkin surgieron ideas de muchos posibles temas. Elige uno y cuenta la historia a través de todos los detalles que te sean posibles. ¿Cuál es la experiencia que la gente va a vivir contigo? ¿Es una historia de amor? ¿Cómica? ¿Mística y misteriosa? ¿Retadora? ¿Vintage? ¿Futurista? ¿Elegante? ¿Cómo la puedes nombrar?

No te abrumes en este paso. No tiene que ser una historia complicada, ni siquiera tienes que comunicar o explicar el nombre. Este es un concepto que te ayuda a ti para delimitar los detalles y para definir la experiencia que quieres que la gente viva.

WOW ability: ¿Cómo responde la gente al WOW que diseñaste? ¡Vamos a hacer pruebas piloto! Hay que tener en cuenta una regla de oro: estamos diseñando experiencias para nuestros usuarios. Algo que nos encanta a nosotros no necesariamente hace eco con quien recibirá el mensaje. La única manera de comprobar el qué tan WOW es mi WOW es poniéndolo a prueba. La respuesta que recibamos es el termómetro indiscutible.

¿Se pone a prueba en vivo? La respuesta es sí. Nunca comprometiendo los detalles esenciales (lo básico que la gente espera de ti), pero sí en los detalles únicos. No hay otra forma de saberlo mejor que viendo la reacción en vivo de las personas. Esto es un concepto que se llama «*Intelligent Fast Failure*». Haz experimentos y ajustes rápidos.

WOW 4 ever: ¿Qué sigue después del WOW? Haz ajustes. Renueva constantemente la experiencia. ¿Qué funcionó? ¿Qué fue lo que mayor respuesta tuvo? ¿Qué aspectos o elementos no surtieron el efecto deseado? ¿Cómo podemos seguir conectando y sorprendiendo? Este es el reto.

Para ir modelando el WOW, hay que diseñar más de lo que sí tuvo eco y menos de lo que vimos que no funcionó. Suena lógico, pero muchas veces nos empeñamos en diseñar lo que nos gusta a nosotros mismos. Queremos generar una de estas dos reacciones: Que la gente diga: «¿Qué más van a hacer?» y «¡Me quedo con ganas de más!».

• ¿Qué experiencia WOW puedes diseñar?

*Descarga el formato para el diseño de ideas WOW de:
www.efectowow.com.mx/extraslibrowow

¿Quieres una historia de un WOW sobre el WOW? ¡Aquí la tienes!

Mi experiencia Chiapaneca

Hacer creativa una experiencia plana es relativamente sencillo. Basta con agregar algún detalle diferenciador y cambia por completo lo que vas a vivir.

Lo realmente retador es cuando logras generar una experiencia WOW, ¿qué haces después?

Estaba yo impartiendo un curso del Efecto WOW® en Tuxtla Gutiérrez, Chiapas. Me encontraba justamente describiendo la importancia de contar historias, y en eso me interrumpe mi anfitriona. Me empezó a hacer señas y paré la conferencia.

Me sorprendió porque creí que algo había pasado. Cuál iba a ser mi asombro cuando empieza a contar la historia de porqué estaba yo ahí. Es la historia de las blusas chiapanecas.

Un mes antes nos conocimos en un evento y todos los días sacaba ella una nueva blusa, todas increíbles. Yo me la pasé elogiando sus blusas y una cosa nos llevó a otra y terminamos por acordar que teníamos que llevar el Efecto WOW® a Chiapas.

Y así fue. La invitación llegó a menos de un mes y ahí estaba yo dando la conferencia. Mientras iba contando ella esta historia, veo que saca no una, sino dos preciosas blusas chiapanecas. Fue mi regalo de todos los que asistieron al curso.

Me quedé en lo que llamo el siguiente nivel del WOW: Sin palabras (*speechless*). Pero aquí no acaba la historia. Estamos en el primer WOW.

Después de ese momento, yo no me esperaba ningún WOW adicional, ¡estaba ya feliz con mis blusas chiapanecas!

Vamos al día siguiente a dar el curso a San Cristóbal de las Casas. Estaba transmitiendo todo lo que hay que tomar en cuenta cuando se diseña una experiencia memorable, sorpresiva y emotiva, cuando veo venir a un mesero con un vaso de agua. «Excelente detalle», pensé.

Un rato después veo venir de nuevo al mismo mesero, ahora con un plato y una campana cubriéndolo. Será que tantas veces en hoteles he pedido club sándwiches, que pensé que de eso se trataba. Pensé: «Qué curioso que estén trayéndome un club sándwich a mitad de la conferencia, cuando no puedo parar para comerlo».

Pero se detiene el mesero ahí a mi lado y levanta la campana: cuál sería mi sorpresa cuando vi que era otro regalo: aretes y pulsera de ámbar chiapaneco, esta vez obsequio de quienes estaban en el curso ese día.

Así que supuestamente yo fui a enseñarles a diseñar experiencias con Efecto WOW® y la sorprendida, emocionada y agasajada fui yo. Esto es a lo que yo llamo rediseñar el WOW.

Generar el primer WOW. Volver a sorprender cuando el espectador ya no se lo espera. Eso es mantener el suspenso, dejar a la gente con ganas de más.

De la inspiración a la acción: la receta del éxito

Cuando me preguntan cómo he logrado ir construyendo estas experiencias con WOW, pienso en 3 consejos de oro que puedo darte para que pases de tener una buena idea a un negocio exitoso con el Efecto WOW®.

1 • Estás en la silla del productor: No tienes que esperar a nada ni a nadie para empezar. Estamos en la era en donde nosotros mismos podemos generar contenido, publicarlo, grabar videos, contratar diseñadores y profesionales de todas las industrias en plataformas de *freelancers* de todo el mundo. Mucho de esto es gratuito o muy accesible. No hay pretexto.

2 • Haz un plan de acción: No tiene que estar perfecto para que lo lances al mundo. El mejor consejo que me han dado y que ahora te comparto es: diseña y lanza tus proyectos como si fueran una versión «beta» (gracias, AnaVic, por esta invaluable lección). No esperes a que sean perfectos. Probablemente nunca lo serán.

Analiza qué te está deteniendo, porque lo más seguro es que sea miedo. No hay otra explicación, porque todo lo demás lo puedes ir rediseñando y resolviendo en el camino. Pasa de la inspiración a la acción. No hay otro camino.

3 • Agéndalo: **Para que sucedan las cosas tienen que estar en un calendario, si no se quedan en buenos deseos y buenas intenciones. Siempre va a haber algo más urgente que atender. Las acciones que quieras tomar, agéndalas. Bloquea tiempo para crear la vida de tus sueños. Te lo mereces, ¡es tu momento! Si no es ahora, ¿cuándo lo será?**

WOW!

Capítulo 8:
Crear para dar: Una vida con Efecto WOW®

«Haz del resto de tu vida, lo mejor de tu vida».
Louise L. Hay

La misión es, sin excepción, tener una vida con Efecto WOW®.

Todo lo que hacemos y queremos en la vida tiene un propósito muy sencillo: el sentimiento de felicidad y plenitud. Lo que buscamos detrás de los logros, el éxito, los ingresos y reconocimientos, es experimentar ese sentimiento tan increíble que definimos como felicidad.

¿Cuál es tu definición de felicidad? Esta es la decisión que más influye en tu vida.

Cuando piensas que es una meta a alcanzar fuera de ti, la felicidad siempre será una carrera en la que no se ve claro el fin. Pero si logras reconocer dentro de ti aquello que te inspira, que te hace vibrar, entonces la felicidad se vuelve una emoción reconocible, tu brújula, tu GPS y tu mejor maestro.

Porque entonces empiezas a ver y sentir con claridad aquello que te quita el aliento y que genera momentos *extra-ordinarios* en tu vida.

Mi tía Rochy me dijo que cuando admiras a alguien, es porque reconoces en esta persona algo que llevas dentro de ti. Es decir, lo que te inspira de alguien, es el potencial que llevas dentro para desarrollarlo tú también. ¡Me encantó! Porque esto quiere decir que todo lo que admiro de la gente es algo que yo puedo vivir.

Yo reconozco dentro de mí que lo que más gozo trae a mi vida es poder inspirar a que cada persona descubra su WOW. Me llena el corazón cada vez que puedo aportar algo que trascienda en la vida de quien está enfrente de mí.

Por eso amo lo que hago y hago lo que amo.

Una vida feliz no está exenta de momentos retadores, pero es en ese contraste donde vas descubriendo en ti lo que es la definición de la verdadera felicidad: el amor hacia ti mismo, hacia lo que haces y hacia quienes están construyendo contigo el camino y la historia de tu vida.

Atrévete a vivir la vida de tus sueños. Llena de momentos originales, memorables, emotivos, sorpresivos y sensoriales. ¿Lo reconoces? Sí... una vida con Efecto WOW®.

Así como lo buscas para tu vida profesional, también puede ser como lo diseñes para tu vida personal: nunca predecible. Atreverte a crear momentos únicos, sorprenderte de lo que eres capaz de lograr, y mantener el suspenso, porque uno de los regalos de la vida es la infinidad de posibilidades abiertas para ti.

Te invito a que hagas un proyecto para una vida WOW.

Para ello, te doy las herramientas que te van a ayudar a que no solo sean buenas intenciones, sino un proyecto de vida.

1 • El plan de negocios con propósito WOW

2 • Tus reglas personales para una vida WOW

3 • Tu contrato para el éxito personal

1. El plan de negocios con propósito WOW

Todos tenemos un talento único y una manera única de presentarlo de acuerdo a nuestra experiencia de vida. Si ya descubriste ese talento que te hace único, ¿cómo lo puedes transformar en un negocio rentable y creativo? Por otro lado, ese talento y pasión, ¿cómo pueden aportar valor a los demás?

Además de crear negocios que estén basados en la generación de experiencias memorables, también vamos integrando un ingrediente esencial e innovador: cómo podemos aportar (vivencias únicas, inspiración, creatividad, un aumento en ventas, un evento exitoso...). Esa es la base del verdadero éxito.

La fórmula no es: «Qué voy a recibir por lo que hago», sino: «Qué puedo aportar haciendo lo que me apasiona».

Vemos por todos lados la frase: «Sigue tu pasión». Suena increíble, pero muchas veces nos parece imposible que podamos vivir de ello.

¿Quieres ir un paso más allá? Te presento tu primer *Plan de Negocios con propósito*.

La diferencia entre una buena idea y un negocio exitoso es atreverte a pasar a la acción. ¡Recuerda que nadie puede crear las cosas como tú!

Atrévete a dar esos primeros pasos hacia lo que te apasiona. Ten la plena seguridad que hay personas que quieren aprender lo que tú sabes, contado a tu manera y con tu estilo personal. En todo lo que haces estas contando tu historia.

2. Tus reglas personales para una vida WOW

En este punto de tu vida seguramente tienes muy claro lo que funciona y lo que no funciona para ti, si haces un ejercicio de consciencia.

Dentro de nosotros se encuentran todas las respuestas de absolutamente todas las preguntas que nos haremos en nuestra vida. ¿No te parece fascinante?

Haciendo este ejercicio de consciencia, identifica tus 10 reglas personales para tener una vida con Efecto WOW®.

Ya no son las que te enseñaron de pequeño y con las cuales tal vez no te identificabas. Ahora son las reglas que funcionan para ti, que te hacen «*click*» y que te permiten tener un camino claro hacia tus sueños. Son esa especie de brújula que necesitamos a la mano para recordar no salirnos del camino.

Les comparto las mías:

1 • Sé autentica.
2 • Hazlo ahora (no procrastinar)
3 • Prémiate los pequeños logros (¡y los grandes también!)
4 • Elige lo simple.
5 • Suelta y perdona.
6 • Agradece.
7 • Acepta.
8 • Disfruta el proceso.
9 • Confía.
10 • Observa el lado WOW de cada cosa, persona o situación.

3 . Tu contrato para el éxito personal

¿Qué significa para ti el éxito?

¿Es ganar más? ¿Tener más reconocimiento? ¿Tener más tiempo libre? ¿Ser autosuficiente? ¿Poder salir a hacer ejercicio todos los días sin presión? ¿Estar más tiempo con tu familia y amigos? ¿Ser saludable?

Te presento un contrato especial. Se trata de un convenio para tu éxito personal.

Los pasos son los siguientes:

1 • Escribe lo que es el éxito para ti como si ya lo estuvieras viviendo.

2 • Redacta en tiempo presente el contrato.

3 • Se lo más específico posible.

4 • Comienza con la frase «YO me siento exitoso/a porque...»

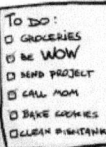

Elabora:

- Plan de negocios con propósito WOW
- Tus reglas personales para una vida WOW
- Tu contrato para el éxito personal.

*Baja los formatos completos de este ejercicio en www.efectowow.com.mx/extraslibrowow

¿Sabías que Louise L. Hay, autora de *Tú puedes sanar tu vida* inició su negocio a los 60 años con el propósito de ayudar a la gente con su libro? Actualmente ha vendido más de 85 millones de copias en todo el mundo y tiene una exitosa empresa editora desde hace 27 años (*Hay House*) que produce y comercializa los libros más exitosos de autoayuda del mundo.

Epílogo:
Nunca pares de empezar

«'Attraversiamo' significa:'Crucemos al otro lado'».
Elizabeth Gilbert

Los seres humanos estamos en constante evolución, y vivimos en un mundo que también cambia a cada momento.

Nos enseñan a hacer planes con nuestra vida y a hacer un camino para llegar a ellos, pero creo que sería mucho mejor aprender a vivir en constante cambio.

Donde siempre te sientas bien de empezar a aprender algo nuevo. De cambiar algo en tu vida que puede estar mejor. De hacer algo que siempre quisiste hacer.

Este año cumplí mis 41. Y sé que solo estoy empezando a ser lo que puedo llegar a ser.

Por eso quiero estar siempre dándome el lujo de vivir la vida bajo mis términos y con lo que yo sé que me hace una persona plena. Con los riesgos y nuevos caminos que esto siempre conlleva.

Para mí eso es el éxito con todo y sus días de invierno. Estar en un comienzo constante, donde siempre estoy a tiempo de empezar lo que hace vibrar mi corazón.

Por eso, para finalizar esta historia del WOW, quiero invitarte a que te des el mejor regalo: que nunca pares de empezar.

Date el gusto de permitirte siempre tener nuevos comienzos. De reinventarte con todo lo que ya has vivido y aprendido que te permite ser hoy la mejor versión de ti mismo.

Si el éxito deja huellas, ¿cuáles han sido mis mayores éxitos?

Ir a bailar Timbiriche a aquel canal, irme a Italia a repensar mi vida, todos los pininos de emprendedora, colaborar en la creación de proyectos creativos extraordinarios, ir tras el sueño de abrir mi empresa de eventos creativos... y ahora, decidir vivir una vida con Efecto WOW® en todos los sentidos.

¿Qué tienen todas estas cosas en común?

• Me apasionan
• Soy buena en ello
• Confié en mi intuición
• Pase a la acción

Mi nueva historia: Soy una emprendedora exitosa que comparte con el mundo el mensaje del WOW que todos tenemos dentro.

Elijo vivir en el WOW y aceptar todo lo bueno que la vida tiene para mí.

Mi misión de vida es inspirarte a que descubras tu WOW. Inspirarte a que te atrevas a descubrir el ser creativo que hay en ti. Mi nueva manera de hacer negocios: crear para dar.

En la escuela premian al que hace todo perfecto, pero también deberían de premiar e incentivar a quien se atreve, a quien se equivoca, a quien reajusta y a quien lo vuelve a intentar. En esta nueva etapa, ¿qué cosas puedo capitalizar para hacerlas mejor? Lo defino como ser una «emprendedora en consciencia»:

No es lo que puedo obtener de ti, sino lo que puedo aportarte.

Y así es como llegué a este punto.

Como te dije al inicio, tú eres la variable que vuelve mágica tu vida. Nunca más sientas que te estás perdiendo de algo. Porque lo mejor de tu vida ocurre donde tú estás. Preséntate a vivir tu vida. Nadie lo puede hacer por ti.

Tu historia WOW está todavía por escribirse.

Naciste para hacer una diferencia, para contribuir y compartir tu talento con el mundo.

¿Listo para escribir historias extraordinarias?

¡Attraversiamo!

Mari Carmen Obregón

Nombrada como una de las 30 promesas de los negocios en México por Forbes, Mari Carmen Obregón es una emprendedora disruptiva, apasionada de la creatividad y speaker de El Efecto WOW®.

Su pasión por el diseño de proyectos creativos la ha llevado a participar en la co-creación de proyectos como el Festival de Globos Aerostáticos de León, Guanajuato, el organismo Mexico Congress City para atraer congresos mundiales a la Ciudad de México y la Oficina de Congresos y Convenciones del Consejo de Promoción Turística de México.

En su camino como emprendedora ha creado y operado más de 700 proyectos creativos para clientes como Champ Car, Starbucks, Coca Cola, Bimbo, Givenchy, Guerlain, Dior y Endeavor.

En 2012 empezó una nueva aventura con El Efecto WOW®, diseñando cursos y conferencias de creatividad e innovación que pretenden impulsar y desarrollar a creativos más atrevidos y dispuestos a descubrir el WOW que llevan dentro para crear experiencias innovadoras.

Vive en la Ciudad de México, ama los animales, los viajes, la música y el arte de disfrutar cada momento de la vida.

www.ingramcontent.com/pod-product-compliance
Lightning Source LLC
Chambersburg PA
CBHW051814170526
45167CB00005B/2009